吉 林 省 地 方 标 准

公路隧道无机阻燃温拌沥青路面施工技术指南

DB 22/T 2769—2017

人民交通出版社股份有限公司
China Communications Press Co.,Ltd.

图书在版编目(CIP)数据

公路隧道无机阻燃温拌沥青路面施工技术指南／吉林省交通规划设计院主编．— 北京：人民交通出版社股份有限公司，2018.6

ISBN 978-7-114-14851-4

Ⅰ．①公… Ⅱ．①吉… Ⅲ．①公路隧道—阻燃剂—沥青路面—路面施工—指南 Ⅳ．①U459.2-62

中国版本图书馆 CIP 数据核字(2018)第 147156 号

标准类型：吉林省地方标准
标准名称：公路隧道无机阻燃温拌沥青路面施工技术指南
标准编号：DB 22/T 2769—2017
主编单位：吉林省交通规划设计院
责任编辑：闫吉维
责任校对：刘 芹
责任印制：张 凯
出版发行：人民交通出版社股份有限公司
地　　址：(100011)北京市朝阳区安定门外外馆斜街 3 号
网　　址：http://www.ccpress.com.cn
销售电话：(010)59757973
总 经 销：人民交通出版社股份有限公司发行部
经　　销：各地新华书店
印　　刷：北京鑫正大印刷有限公司
开　　本：880×1230　1/16
印　　张：1.5
字　　数：36 千
版　　次：2018 年 6 月　第 1 版
印　　次：2018 年 6 月　第 1 次印刷
书　　号：ISBN 978-7-114-14851-4
定　　价：18.00 元

(有印刷、装订质量问题的图书，由本公司负责调换)

目　次

前言 .... Ⅲ
1 范围 1
2 规范性引用文件 1
3 术语和定义 1
4 原材料要求 2
　4.1 一般规定 2
　4.2 温拌添加剂 2
　4.3 沥青阻燃剂 3
　4.4 粗集料 4
　4.5 细集料 5
　4.6 填料 5
　4.7 沥青 5
5 配合比 5
　5.1 设计原则 5
　5.2 配合比设计 5
　5.3 目标配合比检验 7
　5.4 生产配合比设计和试拌试铺 7
6 阻燃温拌沥青混合料生产、摊铺及碾压 8
　6.1 一般规定 8
　6.2 温拌添加剂的添加 8
　6.3 沥青阻燃剂的添加 8
　6.4 施工温度 9
　6.5 混合料的拌制 9
　6.6 混合料的运输 10
　6.7 混合料的摊铺 10
　6.8 沥青混合料的压实 10
　6.9 接缝、开放交通 11
7 检验 11
　7.1 检验形式 11

7.2 原材料检验 ·· 12

7.3 沥青混合料 ·· 12

7.4 施工过程中的质量控制标准 ·· 13

附录 A(资料性附录) 加入阻燃剂的沥青氧指数试验材料和试件制备 ··························· 15

附录 B(资料性附录) 阻燃温拌沥青混合料配合比设计流程图 ···································· 16

附录 C(资料性附录) 阻燃温拌沥青混合料施工工艺流程图 ······································ 17

附录 D(资料性附录) 沥青拌和站沥青罐布置基本示意图 ··· 18

前 言

本标准按照GB/T 1.1—2009给出的规则起草。

本标准由吉林省交通运输厅提出并归口。

本标准起草单位：吉林省交通规划设计院、吉林省高等级公路建设局、吉林省高速公路集团有限公司、长春建业集团股份有限公司。

本标准主要起草人：栾海、纪青山、张利东、霍玉霞、张洋、骆实、赵亮、胡雪峰、王心、付裕、姜凤霞、张广庆。

公路隧道无机阻燃温拌沥青路面施工技术指南

1 范围

本标准规定了公路隧道无机阻燃温拌沥青路面施工技术的术语和定义,原材料要求,配合比,阻燃温拌沥青混合料生产、摊铺、碾压,检验。

本标准适用于新建、改建及养护工程中采用阻燃温拌混合料技术的各等级公路隧道沥青路面的设计与施工。

2 规范性引用文件

下列文件对于本文件的应用是必不可少的。凡是注日期的引用文件,仅注日期的版本适用于本文件。凡是不注日期的引用文件,其最新版本(包括所有的修改单)适用于本文件。

GB 510	石油产品凝点测定法
GB/T 260	石油产品水含量的测定 蒸馏法
GB/T 6365	表面活性剂 游离碱度或游离酸度的测定 滴定法
GB/T 6368	表面活性剂 水溶液pH值的测定 电位法
GB/T 8627	建筑材料燃烧或分解的烟密度试验方法
GB 30596—2014	温拌沥青混凝土
JTG D50	公路沥青路面设计规范
JTG E20	公路工程沥青及沥青混合料试验规程
JTG F40	公路沥青路面施工技术规范
JT/T 860.3	沥青混合料改性添加剂 第3部分:阻燃剂
DB22/T 349	沥青玛蹄脂碎石混合料设计与施工技术规范

3 术语和定义

下列术语和定义适用于本文件。

3.1
氧指数 oxygen index

在规定的试验条件下,材料在氧氮混合气流中进行有焰燃烧所需的最低氧浓度。以氧所占的体积百分数的数值来表示。

3.2
烟密度 smoke density

材料受辐射或燃烧时所产生的最大比光密度。

3.3
比光密度 specific optical density

入射光密度与投射光密度之比最大值。比光密度以规定试验箱容积、光程长度和试验面积下所测定的透光率计算。

3.4
沥青阻燃剂 flame retardant for asphalt

由单一或多种阻燃材料经过一定工艺生产的,对沥青及沥青混合料有阻燃或延缓作用的添加剂。

3.5
阻燃沥青 flame retardant asphalt

通过在基质沥青或改性沥青中掺加适当种类及掺量的阻燃剂,经过一定工艺拌制而成的具有阻燃特性的沥青。

3.6
阻燃沥青混合料 flame retardant asphalt mixture

采用沥青阻燃剂或阻燃沥青,经过一定工艺热拌而成的且达到规定阻燃性能的沥青混合料。

3.7
温拌添加剂 warm-mixed additive

通过物理或化学作用,能显著降低沥青混合料施工温度的添加剂。

3.8
无机沥青阻燃剂 inorganic flame retardant asphalt

无机类型沥青阻燃剂钼系、锡系、磷系、硼系、膨胀系和无机铝系、镁系等阻燃成分为主要原料,以偶联剂、抑烟剂及沥青调和剂为助剂复合而成的路用阻燃剂。

3.9
温拌沥青混合料 warm mix asphalt

通过掺入温拌添加剂,使沥青混合料的拌和、碾压温度比同类热拌沥青混合料相应降低30℃以上,在基本不改变沥青混合料配合比和施工工艺的前提下,路用性能符合本标准要求的沥青混合料。

4 原材料要求

4.1 一般规定

4.1.1 沥青路面使用的集料、矿粉、沥青应按 JTG F40 的规定执行。

4.1.2 沥青路面使用的各种材料运至现场后应取样进行质量检验,经评定合格方可使用,不得以供应商提供的检测报告或商检报告代替现场检测。

4.2 温拌添加剂

4.2.1 添加剂应在密闭容器中避光保存,使用前添加剂溶液应保持均匀状态。温拌添加剂适用表面活性添加剂,可直接添加至沥青中,用于降低沥青混合料的施工温度,适用于不同的沥青混合料类型,相比同类型的热拌沥青混合料,温度可下降30℃~60℃。掺加比例为普通使用沥青掺量0.2%~0.3%,改性沥青掺量0.3%~0.4%。温拌添加剂应满足 GB 30596—2014 中4.1.1 的要求,技术指标见表1。

表1 温拌添加剂的技术指标

指 标	单 位	技术要求	测试方法
悬浮物和沉淀物	—	无	目测
凝点	℃	<10	GB 510
含水率	%	<0.5	GB/T 260
外观	—	产品合格证要求	目测

表1（续）

指 标	单 位	技 术 要 求	测 试 方 法
气味	—	石油沥青味	嗅觉
pH值,25 ℃	—	9.5±1.0	GB/T 6368
胺值	mg/g	400~560	GB/T 6365

4.2.2 加入温拌添加剂不得在施工过程中产生额外的有害气体。

4.2.3 加入温拌添加剂后的沥青及沥青混合料的指标应满足表2的技术要求。

表2 加入温拌剂的沥青及沥青混合料的技术要求

类 别	指 标	单 位	技 术 要 求	测 试 方 法
加入温拌剂的沥青	针入度变化值（25 ℃,100 g,5 s）	%	±10	T 0604
	软化点变化值	%	>0	T 0606
	延度变化值	%	±20	T 0605
加入温拌剂的沥青混合料	拌和温度降低值	℃	>20	体积法
	油石比变化值	%	±0.2	
	空隙率变化值	%	±0.3	
	浸水残留稳定度	%	不低于原沥青混合料	T 0709
	冻融劈裂残留强度比	%		T 0729
	动稳定度	次/mm		T 0719

注：添加温拌剂的沥青及沥青混合料的其他指标应符合JTG F40中的相关要求。

4.3 沥青阻燃剂

4.3.1 沥青阻燃剂按组分的不同可分为：
a) 无机盐类阻燃剂主要是三氧化二锑、氢氧化镁、氢氧化铝及硅系等阻燃体系。
b) 有机阻燃剂有机类是以溴系、氮系和红磷及化合物为代表的阻燃体系。
c) 混合阻燃剂是由有机和无机类阻燃剂复合而成的阻燃体系。

4.3.2 应使用环保型沥青阻燃剂。

4.3.3 无机沥青路用阻燃剂掺加比例为沥青混合料质量的1.5%~3.0%。

4.3.4 沥青阻燃剂技术指标见表3。

表3 阻燃剂的技术指标

指 标	单 位	技 术 要 求	测 试 方 法
外观	—	均匀无结块	目测
分解温度	℃	≥280	JT/T 860.3
粒径（目）	—	>1000	JT/T 860.3

4.3.5 加入阻燃剂的沥青及沥青混合料应满足表4的相关要求。阻燃沥青的室内制备方法详见附录A。

表 4 加入阻燃剂的沥青及沥青混合料的技术要求

类别	指标	单位	技术要求	测试方法
加入阻燃剂的沥青	氧指数	%	≥27	JT/T 860.3
	烟密度	%	≤75	GB/T 8627
加入阻燃剂的沥青混合料	浸水残留稳定度	%	不低于原沥青混合料	T 0709
	冻融劈裂残留强度比	%		T 0729
	动稳定度	次/mm		T 0719

注1：添加阻燃剂的沥青及沥青混合料的其他指标应符合 JTG F40 中的相关要求。
注2：烟密度指标为特长、长隧道所要求的项目。

4.3.6 实验室拌制掺加阻燃剂的沥青混合料的步骤为：
   a) 用烘箱将集料加热至预定温度。
   b) 采用"干法"工艺,将阻燃剂和热集料干拌30s。
   c) 加入预定用量的沥青后拌和90s。
   d) 最后加入矿粉,再拌和90s。

4.4 粗集料

4.4.1 粗集料应采用抗滑、耐磨、坚硬、清洁干燥的石料,集料形状应接近立方体,并具有良好的嵌挤能力,具有一个破碎面颗粒含量应达到100%,具有2个或2个以上破碎面颗粒含量应≥90%；所有面层石料要求采用大型反击式破碎机加工成具有良好的颗粒形状。

4.4.2 粗集料质量应符合表5的技术要求。

表 5 粗集料技术要求

项目	单位	上面层	下面层、柔性基层	试验方法
石料压碎值	%	≤20	≤22	T 0316
洛杉矶磨耗损失	%	≤20	≤25	T 0317
表观相对密度	—	≥2.70	≥2.65	T 0304
吸水率	%	≤1.0	≤2.0	T 0304
坚固性	%	≤10	≤12	T 0314
针片状颗粒含量(混合料)	%	≤15	≤18	T 0312
其中粒径大于9.5mm	%	≤12	≤15	
其中粒径小于9.5mm	%	≤18	≤20	
水洗法<0.075mm 颗粒含量	%	≤1	≤1	T 0310
软石含量	%	≤3	≤3	T 0320
与沥青的黏附性	级	≥5	≥4	T 0616
磨光值 PSV	—	≥42	—	T 0321

4.4.3 粗集料的粒径规格应按 JTG F40 的规定执行。

4.5 细集料

4.5.1 细集料优先采用石灰岩机制砂,机制砂应采用专用的制砂机生产。
4.5.2 细集料应有适当的颗粒级配,其质量应符合 JTG F40 的规定。

4.6 填料

4.6.1 填料应采用石灰岩或岩浆岩中的强基性岩石等憎水性石料经磨细得到的矿粉,原石料中的泥土杂质应除净,矿粉应干燥、洁净,能自由地从矿粉仓流出。
4.6.2 矿粉质量应符合 JTG F40 的技术要求。

4.7 沥青

4.7.1 阻燃温拌沥青混合料采用的沥青结合料,其质量应符合 JTG F40 的相关规定。
4.7.2 采用橡胶改性沥青作为结合料,其各项指标应满足表6的要求。

表6 橡胶改性沥青技术指标

指 标	单 位	橡胶改性沥青	试 验 方 法
针入度 25℃,100g,5s	0.1mm	60~80	T 0604
5℃延度,5cm/min	cm	≥25	T 0605
软化点 $T_{R\&B}$	℃	≥70	T 0606
闪点	℃	≥240	T 0611
25℃弹性恢复	%	≥85	T 0662
储存稳定性离析,48h 软化点差	℃	≤2.5	T 0661
布氏黏度 175℃	Pa·s	1~4	T 0625
与集料的黏附性	级	5	T 0616
TFOT(或 RTFOT)后残留物			
质量变化	%	≤±1.0	T 0610 或 TV 0609
25℃针入度比	%	≥70	T 0604
延度 5℃	cm	≥10	T 0605

5 配合比

5.1 设计原则

5.1.1 阻燃温拌沥青混合料,其技术性能应达到同类型热拌沥青混合料的技术指标,并应满足 JTG F40 的技术要求。
5.1.2 阻燃温拌沥青混合料的设计,应遵循现行规范关于温拌沥青混合料配合比设计的目标配合比、生产配合比以及试拌试铺验证三个阶段的相关要求,确定矿料级配及最佳沥青用量。
5.1.3 阻燃温拌沥青混合料配合比设计采用马歇尔试件体积设计方法进行设计。
5.1.4 阻燃温拌沥青混合料级配应满足 JTG D50 的技术要求。

5.2 配合比设计

5.2.1 阻燃温拌沥青混合料应选用符合要求的材料,进行配合比设计。

5.2.2 目标配合比设计阶段。用工程实际使用的材料按 JTG F40 中规定的马歇尔设计方法,将阻燃剂替代部分矿粉,优选矿料级配、确定最佳沥青用量,符合配合比设计技术标准和配合比设计检验要求,以此作为目标配合比,供拌和机确定各冷料仓的供料比例、进料速度及试拌使用。

5.2.3 生产配合比设计阶段。对间歇式拌和机,应按规定方法取样测试各热料仓的材料级配,确定各热料仓的配合比,供拌和机控制室使用。同时选择适宜的筛孔尺寸和安装角度,尽量使各热料仓的供料大体平衡。并取目标配合比设计的最佳沥青用量 OAC、OAC±0.3% 共 3 个沥青用量进行马歇尔试验和试拌,通过室内试验及从拌和机取样试验综合确定生产配合比的最佳沥青用量,由此确定的最佳沥青用量与目标配合比设计的结果的差值不宜大于±0.2%。

5.2.4 生产配合比验证阶段。拌和机按生产配合比结果进行试拌、铺筑试验段,并取样进行马歇尔试验,同时从路上钻取芯样观察空隙率的大小,由此确定生产用的标准配合比。

5.2.5 确定施工级配允许波动范围。根据标准配合比及质量管理要求中各筛孔的允许波动范围,制定施工用的级配控制范围,用以检查沥青混合料的生产质量。

5.2.6 阻燃温拌沥青混合料的目标配合比设计按照附录 B 的流程图进行。

5.2.7 设计初试级配应为:

a) 在工程设计级配范围内,调整各矿料比例,设计 3 组不同粗细的初试级配,3 组级配的粗细集料骨架分解筛孔的通过率处于级配范围的中值、中值±3% 附近,矿粉及阻燃剂数量之和均为 10% 左右。

b) 根据当地的实践经验选择适宜的沥青用量,分别制作几组级配的马歇尔试件,测定 VMA,初选一组满足或接近设计要求的级配作为设计级配。

c) 矿料合成级配的毛体积相对密度按式(1)计算:

$$\gamma_{sb} = \frac{100}{\frac{P_1}{\gamma_1}+\frac{P_2}{\gamma_2}+\cdots+\frac{P_n}{\gamma_n}} \tag{1}$$

式中:P_1、P_2、$\cdots$、P_n——各种矿料成分的配比,其和为 100;

γ_1、γ_2、$\cdots$、γ_n——各种矿料相应的毛体积相对密度,粗集料按 T 0304 方法测定,机制砂及石屑可按 T 0330 方法测定,也可以用筛出的 2.36mm~4.75mm 部分的毛体积相对密度代替,矿粉(含消石灰、阻燃剂、水泥)以表观相对密度代替。

d) 矿料合成级配的表观相对密度按照式(2)计算:

$$\gamma_{sa} = \frac{100}{\frac{P_1}{\gamma'_1}+\frac{P_2}{\gamma'_2}+\cdots+\frac{P_n}{\gamma'_n}} \tag{2}$$

式中:P_1、P_2、$\cdots$、P_n——各种矿料成分的配比,其和为 100;

γ'_1、γ'_2、$\cdots$、γ'_n——各种矿料按试验规程方法测定的表观相对密度。

e) 按 JTG E42 中 T 0309 的规定,用捣实法测定粗集料骨架的松方毛体积相对密度 γ_s,按式(3)计算粗集料骨架混合料的平均毛体积相对密度 γ_{CA}:

$$\gamma_{CA} = \frac{P_1+P_2+\cdots+P_n}{\frac{P_1}{\gamma_1}+\frac{P_2}{\gamma_2}+\cdots+\frac{P_n}{\gamma_n}} \tag{3}$$

f) 按照式(4)~式(6)计算矿料的合成有效相对密度:

$$\gamma_{se} = C\gamma_{sa} + (1-C)\gamma_{sb} \tag{4}$$

$$C = 0.033w_X^2 - 0.2936w_X + 0.9339 \tag{5}$$

$$\omega_X = \left(\frac{1}{\gamma_{sb}} - \frac{1}{\gamma_{sa}}\right) \times 100 \tag{6}$$

式中:γ_{se}——合成矿料的有效相对密度;

C——合成矿料的沥青吸收系数;

w_x——合成矿料的吸水率,%;

γ_{sb}——材料的合成毛体积相对密度,无量纲;

γ_{sa}——材料的合成表观相对密度,无量纲。

g) 按照式(7)~式(10)计算混合料的空隙率、矿料间隙率、有效沥青饱和度等体积指标,取1位小数,进行体积组成分析。

$$VV = \left(1 - \frac{\gamma_f}{\gamma_t}\right) \times 100 \tag{7}$$

$$VMA = \left(1 - \frac{\gamma_f}{\gamma_{sb}} \cdot \frac{P_s}{100}\right) \times 100 \tag{8}$$

$$VFA = \frac{VMA - VV}{VMA} \times 100 \tag{9}$$

$$VCA_{mix} = \left(1 - \frac{\gamma_f}{\gamma_{ca}} \cdot \frac{P_{CA}}{100}\right) \times 100 \tag{10}$$

式中:VV——试件的空隙率,%;

VMA——试件的矿料间隙率,%;

VFA——试件的有效沥青饱和度(有效沥青含量占VMA的体积比例),%;

γ_{ca}——粗集料骨架部分的平均毛体积相对密度;

γ_f——测定的试件的毛体积相对密度,无量纲;

γ_t——沥青混合料的最大理论相对密度,无量纲;

P_s——各种矿料占沥青混合料总质量的百分率之和,即 $P_s = 100 - P_b$,%;

γ_{sb}——矿料混合料的合成毛体积相对密度。

h) 进行马歇尔试验,测定马歇尔稳定度MS及流值FL,材料加热及试件成型温度参照表7。

表7 建议的材料加热及试件成型温度 单位为℃

施工工序	基质沥青	改性沥青	橡胶改性沥青
集料加热温度	125~130	140~145	150~155
沥青加热温度	150~155	165~170	175~180
击实成型温度,不低于	110	135	145

5.3 目标配合比检验

5.3.1 阻燃温拌沥青混合料的目标配合比设计完成后应进行沥青混合料车辙动稳定度、低温弯曲破坏应变、水稳定性等指标的检验。

5.3.2 经检验合格的配合比可作为目标配合比进行生产配合比设计。

5.4 生产配合比设计和试拌试铺

5.4.1 阻燃温拌沥青混合料应根据目标配合比设计的结果,按照JTG F40规定的方法进行生产配合比设计和试拌试铺检验。

5.4.2 生产配合比应以二次筛分后的热料仓材料级配为基础进行,其中小于0.075mm的细粉含量也应当采用水洗法测定,配合比设计步骤与目标配合比设计方法相同,矿料级配与沥青用量应与目标配合比设计相近,以减少试验工作量。

5.4.3 经生产配合比设计确定的油石比应经过配合比设计检验及试验路铺筑认定。

6 阻燃温拌沥青混合料生产、摊铺及碾压

6.1 一般规定

6.1.1 阻燃温拌沥青混合料的性能技术指标应满足 JTG F40 的相关要求。

6.1.2 路面单层厚度的确定,应考虑易于保证施工质量和均匀性,单层沥青层的厚度与混合料最大公称粒径比应≥2.5倍,采用厚度大于8cm的下面层可≥4倍。

6.1.3 施工过程中要严格控制原材料的质量,制定温拌添加剂及沥青阻燃剂添加的方式方法,严格按照工艺流程进行。具体的施工工艺流程图详见附录C。

6.2 温拌添加剂的添加

6.2.1 温拌添加剂为表面活性温拌添加剂,按照设计比例可直接添加至沥青罐中,经机械力搅拌均匀后备用。无搅拌设备提前6h~8h将温拌剂加入沥青中即可。沥青温度开关可以实现不同沥青罐之间的切换。温拌添加剂添加过程详见附录D。

6.2.2 实施温拌项目前,应该事先至少腾空一个沥青罐,避免与普通热拌沥青混合。温拌添加剂可以在暂存桶中随着沥青罐车卸沥青时同步加入,根据沥青罐车的沥青量(一般情况下为30t左右)和温拌添加剂掺入比例计算温拌添加剂添加量,然后采用齿轮泵泵送温拌添加剂,齿轮泵可以选取转速较低的型号(添加速率约为1kg/min),偏远地区可以考虑采用汽车电瓶供电的模式,便捷实用。若暂无条件实现机械泵送,也可采用人工抽取,但需注意速率,总体原则为沥青罐车和温拌添加剂同时卸完,基本同步加入。

6.2.3 在固定式拌和站或者较大工程专属拌和站设置中,通常设置有沥青地窖,沥青罐车到达拌和站现场后,先将沥青卸至沥青地窖中进行保温,随后生产过程中视情况将沥青泵送至沥青罐中,加热备用。采用沥青罐加装搅拌装置的方式进行温拌沥青的制备,温拌添加剂可从沥青罐上方投料口加入,搅拌时间应适当延长。

6.2.4 温拌沥青制备完成以后,应尽量在一周内用完。对于工程进度延迟、天气条件影响等无法及时用完的情况,应降低沥青储存温度,基质沥青降至110℃以下,改性沥青降至130℃以下,在生产前再升高沥青温度进行生产。

6.3 沥青阻燃剂的添加

6.3.1 添加方法

无机类型无卤环保型沥青阻燃剂为固体粉末,其在应用中有两种添加方式:
a) 干法,即将沥青阻燃剂按照设计比例直接加入拌和锅中,经搅拌后生产出阻燃沥青混合料。
b) 预混法,即将沥青阻燃剂按照设计比例加入矿粉中,经搅拌制备出沥青阻燃剂与矿粉混合料,再进入拌和锅生产出阻燃沥青混合料。

6.3.2 干法

按设计比例计算出无机类型无卤环保型沥青阻燃剂每盘的添加量,当拌和锅中放入矿料时,从拌和站观察口人工投入一定量(经上一步计算得到)的无机类型无卤环保型沥青阻燃剂,随矿料一起干拌,一般不少于5s。最后,拌和锅加入沥青后经搅拌生产出阻燃沥青混合料。

6.3.3 预混法

根据设计用量及配合比设计确定的矿粉掺量,按两者的比例预先将无机类型无卤环保型沥青阻燃

剂和矿粉进行拌和。两种添加方式均能生产出满足质量要求的阻燃沥青混合料。

6.4 施工温度

6.4.1 阻燃温拌沥青混合料路面的施工温度参照表8。当摊铺层较薄或外界气温较低时取高值，反之可取低值。

表 8 建议的阻燃温拌沥青混合料施工温度

工 序	施工温度(℃)			测量部位
	基质沥青	SBS改性沥青	橡胶改性沥青	
沥青加热温度	150~160	160~170	170~180	沥青加热罐
集料加热温度	120~130	140~150	150~160	热料提升斗
混合料出料温度	≥110	≥135	≥140	运料车
混合料储料仓储存温度	拌和出料后降低不超过10℃			混合料储料仓
摊铺温度	≥100	≥130	≥135	摊铺机
初压温度	≥95	≥120	≥125	摊铺层内部
碾压终了温度	≥60	≥70	≥70	摊铺层内部

6.4.2 沥青混合料的温度应采用具有金属探测针的插入式数显温度计测量。在运料车上测量温度时，宜在车厢板侧板下方打一个小孔插入不少于15cm量取。碾压温度可借助金属螺丝刀在路面辅助温度计测针插入摊铺层内部测量得到。

6.4.3 当施工现场温度与室内配合比设计试验时温度差异大于10℃时应相应提高施工拌和温度。

6.5 混合料的拌制

6.5.1 沥青混合料应在沥青拌和厂(场、站)采用拌和机械拌制。要求如下：
    a) 拌和厂的设置应符合国家有关环境保护、消防、安全等规定。
    b) 拌和厂与工地现场距离应充分考虑交通堵塞的可能，确保混合料的温度下降不超过要求，且不致因颠簸造成混合料离析。
    c) 拌和厂应具有完备的排水设施，料场及场内道路应作硬化处理，严禁泥土污染集料。
    d) 各种规格集料之间应设置隔离措施，分隔储存，细集料应设防雨顶棚。

6.5.2 沥青混合料应采用间歇式拌和机拌制。拌和能力满足施工进度要求。拌和机除尘设备完好，能达到环保要求。

6.5.3 沥青混合料拌和设备的各种传感器应定期检定，周期不少于每年1次。冷料供料装置需经标定得出集料供料曲线。

6.5.4 沥青混合料的生产温度应符合表8的要求。烘干集料的残余含水率不得大于1%。每天开始几盘集料应提高加热温度，并干拌几锅集料废弃，再正式加沥青拌和混合料。

6.5.5 间歇式拌和机的振动筛规格应与矿料规格相匹配，最大筛孔宜略大于混合料的最大粒径，其余筛的设置应考虑混合料的级配稳定，并尽量使热料仓大体均衡，不同级配的混合料应配置不同的筛孔组合。

6.5.6 间隙式拌和机宜备有保温性能好的成品储料仓，储存过程中混合料温降不得大于10℃且不能有沥青滴漏，阻燃温拌沥青混合料只限当天使用。

6.5.7 沥青混合料出厂时应逐车检测沥青混合料的重量和温度，记录出厂时间，签发运料单。

6.6 混合料的运输

6.6.1 阻燃温拌沥青混合料宜采用较大吨位的运料车运输,但不得超载运输,或紧急制动、急弯掉头使透层、封层造成损伤。运料车的运力应稍有富余,施工过程中摊铺机前方应有运料车等候。宜待等候的运料车多于4辆后开始摊铺。

6.6.2 运料车每次使用前后应清扫干净,在车厢板上涂一薄层防止沥青黏结的隔离剂或防黏剂,但不得有余液积聚在车厢底部。从拌和机向运料车上装料时,应多次挪动汽车位置,平衡装料,以减少混合料离析。运料车运输混合料宜用苫布覆盖,保温、防雨、防污染。

6.6.3 运料车进入摊铺现场时,轮胎上不得粘有泥土等可能污染路面的脏物,否则宜设水池洗净轮胎后进入工程现场。沥青混合料在摊铺地点凭运料单接收,若混合料不符合施工温度要求,或已经结成团块、已遭雨淋的不得铺筑。

6.6.4 摊铺过程中运料车应在摊铺机前100mm～300mm处停住,空挡等候,由摊铺机推动前进开始缓缓卸料,避免撞击摊铺机。在有条件时,运料车可将混合料卸入转运车经二次拌和后向摊铺机连续均匀的供料。运料车每次卸料应倒净,如有剩余应及时清除,防止硬结。

6.7 混合料的摊铺

6.7.1 阻燃温拌沥青混合料应采用沥青摊铺机摊铺。摊铺机的受料斗应涂刷薄层隔离剂或防黏结剂。

6.7.2 摊铺机开工前应提前0.5h～1h预热熨平板不低于100℃。铺筑过程中应选择熨平板的振捣或夯锤压实装置具有适宜的振动频率和振幅,以提高路面的初始压实度。熨平板加宽连接应仔细调节至摊铺的混合料没有明显的离析痕迹。

6.7.3 摊铺机应缓慢、均匀、连续不间断地摊铺,不得随意变换速度或中途停顿,以提高平整度,减少混合料的离析。摊铺速度宜控制在1m/min～3m/min的范围内。发现混合料出现明显的离析、波浪、裂缝、拖痕时,应分析原因,予以消除。

6.7.4 摊铺机应采用自动找平方式,下面层或基层宜采用钢丝绳引导的高程控制方式,上面层宜采用平衡梁或雪橇式摊铺厚度控制方式。宜采用非接触式平衡梁。

6.7.5 沥青路面施工的最低气温应符合6.4的要求。每天施工开始阶段宜采用较高温度的混合料。

6.7.6 沥青混合料的松铺系数应根据混合料类型由试铺试压确定。摊铺过程中应随时检查摊铺层厚度及路拱、横坡。

6.7.7 摊铺机的螺旋布料器应相应于摊铺速度调整到保持一个稳定的速度均衡地转动,两侧应保持有不少于送料器2/3高度的混合料,以减少在摊铺过程中混合料的离析。

6.7.8 用机械摊铺的混合料,不宜用人工反复修整。当不得不由人工做局部找补或更换混合料时,需仔细进行,特别严重的缺陷应整层铲除。

6.7.9 在雨季铺筑沥青路面时,应加强与气象台(站)的联系,合理安排施工,已摊铺的沥青层因遇雨未进行压实的应予以铲除。

6.8 沥青混合料的压实

6.8.1 压实成型的沥青路面应符合设计的压实度及平整度要求。

6.8.2 阻燃温拌沥青混合料路面施工应配备足够数量的压路机,选择合理的压路机组合方式及初压、复压、终压(包括成型)的碾压步骤,以达到最佳碾压效果。施工气温低、风大、碾压层薄时,压路机数量应适当增加。

6.8.3 压路机应以慢而均匀的速度碾压,压路机的碾压速度应符合JTG F40及DB 22/T 349的规定。压路机的碾压路线及碾压方向不应突然改变而导致混合料推移。碾压区的长度应大体稳定,两端的折返位置应随摊铺机前进而推进,横向不得在相同的断面上。

6.8.4 压路机的碾压温度应符合本指南表8的要求,并根据混合料种类、压路机、气温、层厚等情况经试压确定。在不产生严重推移和裂缝的前提下,初压、复压、终压都应在尽可能高的温度下进行。同时不得在低温状况下作反复碾压,使石料棱角磨损、压碎,破坏集料嵌挤。

6.8.5 阻燃温拌沥青混凝土路面的初压应符合下列要求:

    a) 初压应在紧跟摊铺机后碾压,并保持较短的初压区长度,以尽快使表面压实,减少热量散失。对摊铺后初始压实度较大,经实践证明采用振动压路机或轮胎压路机直接碾压无严重推移而有良好效果时,可免去初压直接进入复压工序。

    b) 碾压时应将压路机的驱动轮面向摊铺机,从外侧向中心碾压,在超高路段则由低向高碾压,在坡道上应将驱动轮从低处向高处碾压。

    c) 初压后应检查平整度、路拱,有严重缺陷时应进行修整乃至返工。

6.8.6 阻燃温拌沥青混凝土路面的复压应紧跟在初压后进行,并应符合下列要求:

    a) 复压应紧跟在初压后开始,且不得随意停顿。压路机碾压段的总长度应尽量缩短,通常不超过60m～80m。采用不同型号的压路机组合碾压时宜安排每一台压路机作全幅碾压。防止不同部位的压实度不均匀。

    b) 复压宜优先采用重型的轮胎压路机进行搓揉碾压,以增加密水性,其总质量不宜小于25t,吨位不足时宜附加重物,使每一个轮胎的压力≥15kN,冷态时的轮胎充气压力≥0.55MPa,轮胎发热后≥0.6MPa,且各个轮胎的气压大体相同,相邻碾压带应重叠1/3～1/2的碾压轮宽度,碾压至要求的压实度为止。

    c) 振动压路机的振动频率宜为35Hz～50Hz,振幅宜为0.3mm～0.8mm。层厚较大时选用高频率大振幅,以产生较大的激振力,厚度较薄时采用高频率低振幅,以防止集料破碎。相邻碾压带重叠宽度为100mm～200mm。振动压路机折返时应先停止振动。

    d) 对路面边缘、加宽及港湾式停车带等大型压路机难于碾压的部位,宜采用小型振动压路机或振动夯板作补充碾压。

6.8.7 碾压轮在碾压过程中应保持清洁,有混合料粘轮应立即清除。对钢轮可涂刷隔离剂或防黏结剂,但严禁刷柴油。当采用向碾压轮喷水(可添加少量表面活性剂)的方式时,应严格控制喷水量且成雾状,不得漫流,以防混合料降温过快。轮胎压路机开始碾压阶段,可适当烘烤、涂刷少量隔离剂或防黏结剂,也可少量喷水,并先到高温区碾压使轮胎尽快升温,之后停止洒水。轮胎压路机轮胎外围宜加设围裙保温。

6.8.8 压路机不得在未碾压成型路段上转向、掉头、加水或停留。在当天成型的路面上,不得停放各种机械设备或车辆,不得散落矿料、油料等杂物。

6.9 接缝、开放交通

6.9.1 阻燃温拌沥青混凝土路面纵向接缝施工中,应特别注意混合料碾压对温度的要求,纵接缝施工要求混合料温度取允许范围上限为宜,熨平板加热温度满足本指南要求,施工碾压速度要快,应控制在混合料温度降至100℃前完成接缝处碾压施工。

6.9.2 阻燃温拌沥青混凝土路面施工的接缝、开放交通的其他相关要求同JTG F40。

7 检验

7.1 检验形式

产品检验包括原材料检验和产品出厂检验。

7.2 原材料检验

7.2.1 沥青

按照 JTG F40 的规定执行。

7.2.2 集料

按照 JTG F40 的规定执行。

7.2.3 矿粉

按照 JTG F40 的规定执行。

7.2.4 纤维

对沥青混合料根据设计要求确定是否掺加纤维。纤维每次为一批,查验合格证、检验报告。

7.2.5 温拌添加剂

温拌添加剂以 5t 为一批,不足 5t 也作为一批,每批检测掺加后的沥青指标,应满足 JTG F40 和 3.2.3 的要求。

7.2.6 阻燃剂

阻燃剂的技术要求、试验方法、检验规则及标志、包装、运输和储存等按照 JT/T 860.3 的规定执行。根据设计要求确定掺加比例及氧指数要求,每 10t 为一批,按附录 A 试验方法,检验氧指数,出具检验报告。

7.3 沥青混合料

阻燃温沥青拌混合料的现场取样和成型应连续进行,料温下降到失去工作性后不允许重新加热再成型。一般要求,取样量要至少为试验需要量的 3 倍,取样时立即测温,温度应在允许出料温度范围内。样品运送途中要注意保温,料温下降超过 20℃的混合料,不允许使用。取回的样品,立即放入恒温箱,样品堆积厚度,不低于 8cm,恒温 1h～2h 后成型试验。阻燃温拌沥青混合料检验频度和质量要求见表 9。

表 9 阻燃温拌沥青混合料检验频度和质量要求

项　目		随时频度及单点检验评价方法	质量要求或允许偏差	
			高速公路、一级公路	其他等级公路
混合料外观		随时	观察集料粗细、均匀性、离析、油石比、色泽、冒烟、有无花白料、油团等现象	
拌和温度	沥青、集料加热温度	逐车检测评定	符合本标准规定	
	混合料出厂温度	逐车检测评定	符合本标准规定	
		逐盘测量记录,每天取平均值评定	符合本标准规定	
矿料级配（筛孔）	0.075mm	逐盘在线检测	±1%（1%）	—
	≤2.36mm		±4%（3%）	—
	≥4.75mm		±5%（4%）	—

表9(续)

项　目		随时频度及单点检验评价方法	质量要求或允许偏差	
			高速公路、一级公路	其他等级公路
矿料级配（筛孔）	0.075mm	逐盘检查，每3盘料汇总1次取平均值评定	±1%	—
	≤2.36mm		±2%	—
	≥4.75mm		±2%	—
	0.075mm	每台拌和机每天1次～2次，以2个试件的平均值评定	±2%（2%）	±2%
	≤2.36mm		±5%（3%）	±6%
	≥4.75mm		±6%（4%）	±7%
沥青用量(油石比)		逐盘在线检测	±0.3%	—
		逐盘检查，每天汇总1次平均值评定	±0.1%	—
		每台拌和机每天1次～2次，以2个试件的平均值评定	±0.2%	±0.4%
马歇尔试验:空隙率、稳定度、流值		每台拌和机每天1次～2次，以4个～6个试件的平均值评定	符合本标准规定	
浸水马歇尔试验		必要时(试件数同马歇尔试验)	符合本标准规定	
车辙试验		必要时(以3个试件的平均值评定)	符合本标准规定	
注：括号内的数字是对SMA的要求。				

7.4 施工过程中的质量控制标准

阻燃温拌沥青混凝土路面铺筑过程中应随时对铺筑质量进行评定，质量检验的内容、频度、允许差应符合表10的规定。

表10 温拌沥青混合料路面施工过程中的质量检验评定标准

项　目		检查频度	质量要求或允许差
外观		随时	表面平整，无油斑、离析、轮迹
接缝		随时	紧密、平整、顺直、无跳车
施工温度		随时	符合规范规定
压实度		每2000m² 一组	实验室标准密度的97%（98%）最大理论密度的93%（94%）
厚度	中、底面层	每2000m² 一点单点评定	-4mm
	上面层	每2000m² 一点单点评定	设计值的-10%
	总厚度	每2000m² 一点单点评定	设计值的-5%
平整度标准差		每车道连续检测	中、下面层为1.6，上面层为1.2
宽度		每100m 2处	≥设计宽

表10（续）

项　目	检 查 频 度	质量要求或允许差
纵断面高程	每100m 3处	±10mm
横坡度	每100m 3处	±0.3%
渗水系数	每车道每200m 1次	中、下面层120mL/min，上面层60mL/min（80mL/min）
上面层摩擦系数(摆值)	每200 1处	符合设计
上面层构造深度	每200 1处	符合设计
注1：括号中数值是对SMA的要求。		
注2：对于厚度小于3cm的超薄面层或磨耗层、厚度小于4cm的SMA表面层，钻孔试样表面形状改变，难以准确测定密度，可免于钻孔取样，严格控制碾压工艺。		

附 录 A

(资料性附录)

加入阻燃剂的沥青氧指数试验材料和试件制备

A.1 试验材料

A.1.1 玻璃纤维表面毡

规格为120g/m² 玻璃纤维表面毡。

A.1.2 隔离剂

以质量计,甘油和滑石粉按2:1的比例调配而成。

A.1.3 铁丝

长100mm,直径0.914mm(20号)。

A.2 阻燃沥青室内制备方法

A.2.1 将基质沥青加热到约160℃(基质沥青为普通沥青时)或180℃(基质沥青为改性沥青时),然后加入设计掺量的阻燃剂,用玻璃棒搅拌均匀。

A.2.2 将试样杯放到高速剪切机下,调整转速到3500r/min~4500r/min,持续剪切10min,整个过程温度控制在140℃~160℃(改性沥青温度适当提高5℃~10℃)。

A.2.3 关闭剪切机,将加入阻燃剂的沥青放入180℃烘箱中发育20min,即可取样进行各种试验。

A.3 试件制备

A.3.1 剪取一块边长110mm±1mm的正方形玻璃纤维表面毡,在120℃±2℃的烘箱中干燥60min~90min,取出后立即放入干燥器中冷却至室温,将玻璃纤维表面毡称重(准确至0.1g)。

A.3.2 按照JTG E20/T 0601取加入阻燃剂的沥青试样,按照JTG E20/T 0602对加入阻燃剂的沥青加热到具有良好的流动性,搅拌均匀后,称取玻璃纤维表面毡质量60倍(准确至±1g)的沥青。

A.3.3 在玻璃板上均匀涂抹隔离剂,将干燥好的玻璃纤维表面毡置于玻璃板上,再将隔离剂均匀涂抹在玻璃纤维表面毡上,将铁丝放在玻璃纤维毡上,将称好的热的加入阻燃剂的沥青均匀浇附在玻璃纤维表面毡上,待其冷却到室温后,将其剪成长100mm、宽5.5mm±0.5mm的试件,每组至少15条。

附 录 B
（资料性附录）
阻燃温拌沥青混合料配合比设计流程图

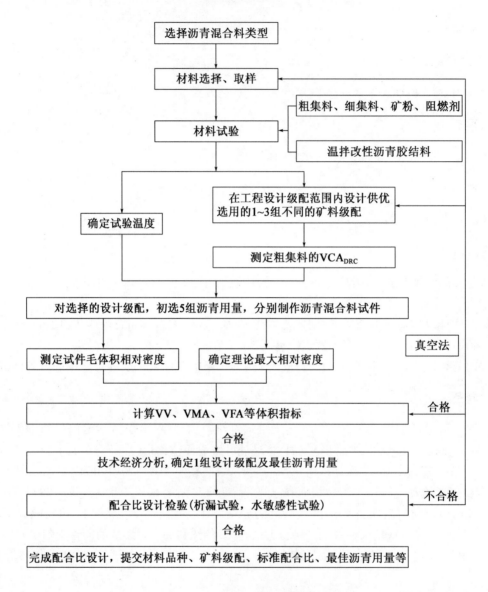

图 B.1 阻燃温拌沥青混合料配合比设计流程图

附 录 C
（资料性附录）
阻燃温拌沥青混合料施工工艺流程图

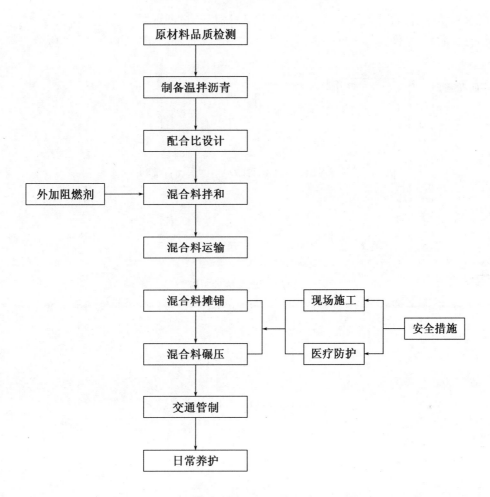

图 C.1 阻燃温拌沥青混合料施工工艺流程图

附 录 D
(资料性附录)
沥青拌和站沥青罐布置基本示意图

沥青混合料生产时,对计划用的沥青罐提前加热,随后通过沥青泵 2 输送至拌和站沥青管路中。沥青输送至沥青罐后,各个沥青罐之间不应进行沥青循环。沥青罐的布置图如图 D.1 所示。

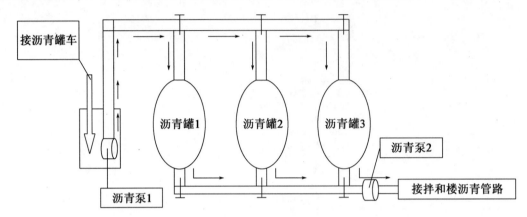

图 D.1 沥青罐的布置